curio¿idad por

LA PROGRAMACIÓN CON DASH Y DOT

POR JILL SHERMAN

AMICUS LEARNING

¿Qué te causa

curiosidad?

Curious About está publicado por
Amicus Learning, un sello de Amicus.
P.O. Box 227
Mankato, MN 56002
www.amicuspublishing.us

Editora: Ana Brauer
Diseñadora de la serie: Kathleen Petelinsek
Diseñadora del libro e investigadora fotográfica: Emily Dietz

Library of Congress Cataloging-in-Publication Data
Names: Sherman, Jill, author.
Title: Curiosidad por la programación con Dash y Dot / by Jill Sherman.
Other titles: Curious about coding with Dash and Dot. Spanish
Description: Mankato, MN : Amicus Learning, [2026] | Series: Curiosidad por la programación | Includes index. | Audience term: Children | Audience term: School children | Audience: Ages 6-9 | Audience: Grades 2–3 | Summary: "What are Dash and Dot and how can I control them? Learn about coding, robots, and programming in this Spanish question-and-answer book for elementary readers. Includes table of contents, glossary, and index. Translated into North American Spanish"— Provided by publisher.
Identifiers: LCCN 2024052123 (print) | LCCN 2024052124 (ebook) | ISBN 9798892006767 (library binding) | ISBN 9798892007368 (paperback) | ISBN 9798892007962 (ebook)
Subjects: LCSH: Computer programming—Juvenile literature. | Robots—Juvenile literature.
Classification: LCC QA76.6115 .S528218 2026 (print) | LCC QA76.6115 (ebook) | DDC 005.13—dc23/eng/20250117
LC record available at https://lccn.loc.gov/2024052123
LC ebook record available at https://lccn.loc.gov/2024052124

Créditos fotográficos: Alamy Stock Photo/dpa, cover, 1, Howard Lipin/San Diego Union-Tribune/ZUMA Press, 16–17, ZUMA Press, 11; Getty Images/Krystian Dobuszynski/NurPhoto, 13, Lea Suzuki/The San Francisco Chronicle, 2, 4–5, 9, 20–21, picture alliance, 2, 10, San Francisco Chronicle/Hearst Newspapers, 3, 18, SDI Productions, 19; Shutterstock/grapestock, 11, Max kegfire, 14–15, Prostock-studio, 8, sdx15, 11, wellphoto, 7; U.S. Army/unknown, 11

Impreso en India

CAPÍTULO UNO 1

¿Qué son Dash y Dot?

Dash y Dot fueron creados por Wonder Workshop en 2014.

Dash y Dot son **robots**. Fueron creados para enseñar a los niños habilidades de programación y tecnología mientras se divierten. Ambos robots emiten sonidos amigables y parpadean con sus luces. Dash tiene ruedas y puede desplazarse rápidamente.

¿SABÍAS QUE...?
Los robots pueden parecer modernos, pero la idea es antigua. Los antiguos griegos, chinos y egipcios diseñaron ayudantes mecánicos.

¿Qué es un robot?

Un robot es un tipo especial de máquina. Está **programado** para hacer cosas por sí solo. Los robots pueden tener brazos, ruedas u otras piezas para moverse y hacer cosas como las personas. Algunos robots ayudan a limpiar. Algunos hablan. ¡Algunos incluso van al espacio!

Los robots hacen que muchos trabajos sean más rápidos y fáciles.

¿Quién controla a los robots?

¿QUÉ ES LA PROGRAMACIÓN DE BLOQUE?

La programación de bloque utiliza bloques que se arrastran y sueltan. Cada bloque es un fragmento de código. ¡Apila los bloques para crear un programa! Observa cómo los distintos comandos mueven a los robots.

¡Tú! Los robots no pueden actuar por sí solos. Necesitan un **código informático** que les diga qué hacer. Leen el código, línea por línea. Siguen los pasos que indicaste en el código. Dash y Dot son una forma sencilla de aprender a codificar.

¿Cómo controlo a Dash y Dot?

Dash se puede controlar mediante un teléfono o tableta.

¡Dash y Dot funcionan con **aplicaciones** especiales! Prueba usar Wonder, Cue, Blockly, Go o Path. Elige una aplicación que te guste. Luego, conecta los robots mediante **Bluetooth**. ¡Ya estás listo para comenzar a codificar!

1 DESCARGA BLOCKLY PARA DASH

2 COLOCA A DASH EN EL SUELO Y ENCIÉNDELO

3 CONECTA A DASH MEDIANTE BLUETOOTH

4 AÑADE BLOQUES DE PROGRAMACIÓN USANDO LA APLICACIÓN

5 ¡MIRA A DASH MOVERSE!

¿Cómo saben los robots a dónde ir?

Los robots no ven ni oyen como nosotros. Utilizan **sensores**. Los sensores les indican a Dot y Dash si están inclinados o boca abajo. Detectan sonidos. Los robots también pueden "hablar" entre ellos mediante chirridos y pitidos.

LAS PIEZAS DE DASH

- **Placa de circuito**
- **Luces LED**
- **Micrófono**
- **Motores**
- **Sensores**
- **Altavoces**
- **Ruedas**

Dash y Dot se pueden usar para jugar al fútbol.

¿Los robots cometen errores?

Recurre a tus padres o a un maestro si necesitas ayuda con un código.

¡Sí! Los robots no siempre hacen lo que queremos. Tu trabajo es averiguar por qué. Lee el código con atención. Asegúrate de que no haya errores. Comprueba los sensores. ¿Están bloqueados? Haz un cambio. Luego, vuelve a intentarlo.

CAPÍTULO TRES

¿Qué puedo hacer con Dash?

Las ruedas de Dash le permiten moverse rápidamente. Pon a prueba sus sensores. Construye un laberinto en el suelo. ¡Luego programa a Dash para que encuentre el camino hasta el final! ¿Necesitas un compañero de baile? ¡Haz que Dash baile cuando suene tu canción favorita!

Este estudiante codifica a Dash para realizar su proyecto sobre la selva amazónica.

¿Qué puedo hacer con Dot?

Dot no podrá moverse, pero aun así puede hacer muchas cosas. ¿Quieres que la gente no entre a tu habitación? Haz que Dot haga ruido y parpadee cuando detecte movimiento. ¿Quieres jugar a un juego? Programa a Dot para que se apague al azar. ¡Ahora úsalo en un juego de la patata caliente!

Dot hace que aprender sobre código sea divertido.

¿Puedo actualizar mis robots?

¡Sí! ¡Los kits especiales le dan a Dash más cosas para hacer! Agrega un par de brazos robóticos. Ahora Dash puede levantar, transportar, jalar y acomodar objetos pequeños. Con un lanzador, Dash puede apuntar y disparar pelotas pequeñas. ¿Qué más puedes imaginar para Dot y Dash?

Los kits de accesorios te permiten hacer más con tus robots.

GLOSARIO

aplicación Un programa que se ejecuta en un teléfono inteligente o tableta.

Bluetooth Una conexión inalámbrica entre dispositivos.

código informático Instrucciones para un programa de computadora.

programar Dar instrucciones a una máquina para realizar una acción.

robot Una máquina que realiza tareas para los humanos.

sensor Algo que detecta calor, luz, sonido, presión, movimiento u otras cosas.

ÍNDICE

Acerca de la autora

Jill Sherman escribe libros sobre estrellas del pop, crías de animales y robots. Le encanta que escribir le permita investigar y aprender sobre nuevos temas. Además de escribir libros, Jill cose su propia ropa, crea crucigramas y programa en JavaScript.